AF138797

Ein herzliches

„Dankeschön"

meiner Schwester Christa,
die mir mit viel Geduld und Liebe
bei der Fertigstellung
und Gestaltung
der Bücher geholfen hat.

Marianne Weid

Betrachtungen am Wegesrand

Gedanken und Erlebtes

in Verse gefasst

Gedichte / Band 2

2013

Bibliografische Information der Deutschen Nationalbibliothek
*Die Deutsche Nationalbibliothek
verzeichnet diese Publikation in der
Deutschen Nationalbibliografie;
detaillierte bibliografische Daten sind im
Internet über www. dnb.de abrufbar.*

*Herstellung und Verlag:
BoD – Books on Demand, Norderstedt
ISBN 978-3-7322-3337-3*

*Umschlagfoto: Erich Weid
Druidenstein, 57548 Kirchen/Herkersdorf*

*Text und Gestaltung:
Marianne Weid*

*Illustration nach:
Ludwig Richter
Carl Larsson*

Namen frei erfunden

MIX
Papier aus verantwortungsvollen Quellen
Paper from responsible sources
FSC® C105338
FSC
www.fsc.org

Inhalt: Seite

Inhalt: Seite

Verseschmiede

Es fallen mir oft Verse ein
über manche Dinge,
ob groß oder klein.

Und hoffe, dass auch
dann und wann
ein Verslein
was bewirken kann.

Ein Geistesblitz
schnell aufgeschrieben,
erfreut gewiss
auch meine Lieben.

Gute Nachbarn

Fehlt gerade mal ein Ei,
manchmal sind es auch zwei, drei,
eilst du schnell zur Nachbarin.
Sie holt die Eier, fragt leichthin:
„Fehlt auch noch das Mondamin?"

Geht es mal der Oma schlecht,
Opa macht ihr gar nichts recht,
und die Tochter muss mal fort,
ist die Nachbarin vor Ort.

Die junge Mutter gegenüber, ruft genervt:
„Komm doch mal rüber.
Der kleine Willi ist am „Zahnen",
die Emma muss ich ständig mahnen,
dass sie die Klötzchen nicht verschluckt,
der Paul nicht dauernd „Fernsehn" guckt!"

Die Nachbarin bleibt ganz gelassen,
schnappt sich den Paul
und auch die Emma,
löst wieder mal auch dies Dilemma
und zeigt der Emma und dem Paul
die Koppel mit Herrn Lehmanns Gaul.

Klemmt ein Schloss, tropft mal ein Hahn,
packt der Nachbar gleich mit an.
Muss was Schweres mal nach oben,
ist er auch sehr hoch zu loben.
Mit Tatkraft, Muskeln und Verstand
wird die Last hinauf gehoben.

Und manchmal gibt es was zu feiern,
den Stress lässt jeder dann zu Haus,
man trifft sich in gesell'ger Runde,
lacht und trinkt bei gutem Schmaus.

Nun wissen wir, was Nachbarn wert,
und hiermit seien sie geehrt.
Noch vieles wäre zu berichten,
doch sind's „Unendliche Geschichten".

Heimat ist .....

Schwätzchen über'n Gartenzaun,
Amsel im Kastanienbaum;

wenn bei Mond
die Grille zirpt,

Trauer, wenn
ein Nachbar stirbt;

ein junges Paar,
die Frau geht schwanger,

wo Blumen blühen
auf dem Anger;

wo Wäsche flattert
in dem Wind,

daneben spielen
Hund und Kind;

wo Mensch zu Mensch
sich fühlt gezogen,
zu teilen Glück
und Leides Wogen.

Blick aus meinem Küchenfenster

Wenn ich aus dem Fenster seh,
lass ich meinen Blick gern schweifen
auf die schöne grüne Höh,
wo sich Tann' und Himmel streifen.

Schwalben segeln schnellen Fluges
durch die Lüfte hart am Wind;
schwirren schrill um Häuserecken,
wahre Meisterflieger sind.

Scheint die Sonne - und es regnet,
beides will zugleich geschehn,
sieht man voller Pracht und Schönheit
von Berg zu Tal den Bogen stehn.

Noch ist's nicht aus mit unsrer Erde,
täglich spricht Er sein: „Es werde!"
Dann strömt der Friede in mein Herz
ob Gottes gutem Walten.
Er wird sie wohlbehalten!

Unter den Dächern

Unter den Dächern
wird gelitten, geliebt
in allen Facetten, die es nur gibt.
Hier sterben Menschen
und werden geboren;
sie brauchen ein Dach,
sonst sind sie verloren.

Da wartet die Frau
auf den Mann und das Kind,
die im Strudel des Lebens
gestrandet sind.
Dort wiegt unterm Wellblech
ganz zärtlich und lind,
von Krankheit gezeichnet,
eine Mutter ihr Kind.

Drüben ragen Türme
und Burgen empor,
unter den Dächern
wächst Missgunst
und Kälte hervor.
Keiner hat mehr
für den andern ein Ohr.

Es sind Menschen unter Dächern
der Freiheit beraubt,
etliche müssen fürchten
um ihren Leib und ihr Haupt.

Unter manchem Dach
falten sich betende Hände,
und Lobpreis
steigt zum Himmel empor;
nebenan ballen zu
Fäusten sich Hände;
aus rauen Kehlen
brechen Flüche hervor.

Die Einsamkeit wohnt
unter manch einem Dach,
das Seufzen der Kranken
und schmerzvolles „Ach".
Unter anderen Dächern
wird geweint und gelacht,
woanders gepokert
um Geld und um Macht.

Wir bergen uns
unter das Dach in der Nacht,
vor Hitze und Kälte
nimmt es uns in Acht;
und Gott hält über
den Dächern die Wacht.

So hüten die Dächer
des Lebens ganzes Spiel,
und schweigen sich aus,
zu erzählen wäre viel.

Meine Kinder

Meine Kinder, ach die lieben,
kostbar anvertrautes Gut;
hab gepflegt sie und gehegt,
wie es eine Mutter tut.

Und ich brachte sie zu Jesus,
Freund der Kinder allezeit,
streute aus den guten Samen,
der Frucht bringt für die Ewigkeit.

Staunend kann ich jetzt nun sehen,
fiel das Korn auf fruchtbar Land;
ja, sie folgen ihrem Meister
mit Familie Hand in Hand.

Nun will ich die Hände falten
weiter für sie Jahr um Jahr;
will in Liebe auch begleiten
betend meine Enkelschar.

Gedanken einer Mutter

Das Kindchen kann laufen!
Welche Wonne, welches Glück!

Die Beinchen sind nicht aufzuhalten;
vorwärts gerichtet
der strahlende Blick.

Nun lauf mein Kindchen,
lauf, Kindchen lauf!

Ach Vater im Himmel,
pass du auf es auf.

Lass deine Augen
in Liebe auf ihm ruhn,
ich will indes das Meinige tun!

Liebe kleine Enkelchen!

Freude an der Kinder - Kinder!
Liebe kleine Enkelchen!

Herzige Beinchen,
süße Füßchen,
Rosenmund
und zart Genickchen
und die Händchen
nicht vergessen.

Bäckchen, Äuglein,
Haareskranz,
macht des Herzens
brüch'ge Stelle
im Handumdrehen
wieder ganz.

Mein erstes Enkelkind

Ganz leise kündigt sich was an,
ich freue mich,
wie man nur kann.

Ein Enkelkind ist auf der Reise
und wächst heran
ganz still und leise.

Es wird ein kleines Mädchen sein;
wir stellen uns schon darauf ein.
Wie wird wohl ihr Name sein?

„Franziska Sophia"
wonniges Glück,
lässt vergessen die Schmerzen,
gibt Freude zurück.

So wächst sie nun herzig
und fröhlich heran
und eine innige Freundschaft begann.

Die kleine Kuschelmaus,
„Herr Meier" genannt,
hat sie bei Tag und
Nacht in der Hand.

Ein Wildfang ist sie unterdessen,
auf Pferde und Reiten
wie versessen.

Selbst schwierigen Pisten rast sie
mit dem Snowboard herab,
vergisst dabei alles,
wenn's nur geht bergab!

Ich lasse indessen
der Jugend ihren Lauf
und rege mich nicht mehr
über alles so auf!

Leas sechster Geburtstag

Liebe Lea, Enkelkind,
die Jahre schnell vergangen sind.

Nun feiern wir mit großer Freude
zum fünften Mal
Geburtstag heute.

Man glaubt's zwar nicht,
doch es ist wahr,
auf einmal ist die Schulzeit da.

Mit Ranzen, Mäppchen,
Heften, Stiften
wirst du das Lernen wohl verrichten.

Und voller Liebe wünsch ich dir
den Segen Gottes für und für.

Leas erster Schultag

Nun geh zur Schule liebes Kind;
erschließ dein Leben nur geschwind.
Lern fleißig was dir wird geboten,
es fällt oft schwer dies nachzuholen.

Verfügst du über großes Wissen,
wird jedermann das sehr begrüßen.
Dann tun sich viele Türen auf
zu finden deinen Lebenslauf.

Der liebe Gott wird mit dir gehn,
wenn nötig dir zur Seite stehn.
Und lass ihn dir von niemand rauben,
den festen, guten Kinderglauben!

Emmas dritter Geburtstag

Emma ist ein
liebes Mädchen,
feiert heute ihr Geburtstagsfest.
Seit drei Jahren
bringt sie munter
Leben ins Familiennest.

Singe fröhlich
wie ein Vöglein,
freue dich nur immerdar;
möge dich
der Heiland schützen
in dem neuen Lebensjahr!

Emmas Schulanfang

Die Emma freut sich Tag für Tag;
worauf sie sich wohl freuen mag?

Der Schule gilt ihr ganzes Sinnen;
fröhlich will sie dort beginnen
und lernen bis das Köpfchen raucht,
was jeder Mensch im Leben braucht.

Ich wünsch' dir, dass der Eifer bleibt
und niemals Frust die Lust vertreibt.
Doch prüfe auch, was man dich lehrt,
ob es am Ende nicht verkehrt.

So halte fest, was deine Eltern
dir liebevoll ins Herz gesenkt,
dass Jesus Christ, der Freund der Kinder,
auch weiterhin dein Leben lenkt.

Zur Geburt von Anne Pauline

Anne Pauline, nun bist du da!
Dass du noch kamst war sonnenklar.
Du warst hier kein Verkehrsunfall,
ein Kind der Liebe allemal!

Wachs' auf zu deiner Eltern Freude,
zu deiner Schwestern Freude auch;
sie helfen dir die Welt entdecken,
wie es zu allen Zeiten Brauch.

Über allem steht der Himmel
dir auf ewig vollends auf;
Gott wird bei der Hand dich fassen,
begleiten deinen Lebenslauf.

Samuel

Herzenskind aus Griechenland

Kleiner Mensch
aus Griechenland,
der hier
seine Eltern fand.
Wachs heran
zu ihrer Freude
und zu deiner
Freude auch.
Liebes Kind,
das Wonne brachte
aus dem Lande
des Olymp!

Die Qual der Wahl

(Emma ist 4 Jahre alt)

Die Mutter will mit ihren Gören
ein wenig in der Stadt flanieren.
Sie dachte bei sich insgeheim:
„Ich mache meine beiden fein."

Die Lea gibt sich schon zufrieden
mit dem, was Mutter ihr beschieden;
Und zieht das Top und Röckchen an,
hat auch noch ihre Freude dran.

Schlüpft fröhlich in die Schuhe rein
und hüpft, wie könnt es anders sein,
von einem auf das andre Bein.

Der Emma nun ist das zu dumm;
sie mäkelt nur an allem rum,
was ihr die Mutter vorgelegt.

Nun ist die Mutter aufgeregt
und spricht:
„Du ziehst jetzt dieses Top hier an;
schau her, hier sind auch Blümchen dran."

Jedoch die Emma ungerührt
der Mutter dann ein Top vorführt,
das nicht geeignet für die Stadt.
Sie setzt die Mutter damit matt.

Und spricht:
„Ich bescheide selbst über meine Töppe!"
Da war's der Mutter glatt egal
und sie beendete die Qual.

Sie schnappte sich die beiden Gören
und ließ sich wieder mal betören,
umfasst mit liebevollem Blick
die beiden Zicklein, ihr ganzes Glück.

So zogen sie zur Stadt hinaus,
kamen glücklich und müde
am Abend nach Haus.

Winter ade

Die Sonne scheint,
die Wolken fliegen
wie weiße Fetzen in dem Blau.

Noch ist es fahl an allen Plätzen,
und Wald und Flur stehn da
noch nackt und grau.

Ein mattes Grün darüber
wie ein Schimmer,
lässt träumend schon
den Frühling schaun.

Fächelnd streicht
der Wind ums Haus,
fährt in Bäume und in Büsche;

raunt, der Winter ist bald aus
und erzählt von Neubeginnen;
lässt die Zweifel ganz zerrinnen.

Frühlingsboten
Schneeglöckchen - Märzenbecher

Kleines weißes Glöckchen
erhebst dein zart Geläut!

Brichst durch des Eises Kruste,
wenn noch der Winter dräut.*

Schiebst deine zarten Stängel
und Blätter aus dem Schnee,

ermunterst auch mein Herze
nach langem Wintersweh!

*droht

Haselstrauch im März

Zart wehend die Hasel die Ruten ausstreckt;
mit Zicklein zur Zierde die Ruten besteckt.

Sie wiegen die Zicklein sanft wie ein Kind,
doch mitunter bläst ein kräftiger Wind.

Die Zicklein sehr erschrocken sind
und stäuben zitternd, gelb und fein,
mit Blütenstaub die Erde ein!
Die Frauen sehen das mit Graus
und holen schnell das Staubtuch raus.

Es ist jedoch der Müh' zuviel;
auch andre treiben keck dies Spiel.
Ob Birke, Weide oder Eiche,
sie machen alle doch das Gleiche!

Frühlingsregen

Frühlingsregen, sanft und mild,
gibt der Welt ein neues Bild.

Frisch gebadet Wald und Flur,
durchdringt die Lebensfreude pur.

Es sprießt und sprosst an allen Enden,
und Menschenherzen froh sich wenden.

Die Blüten mannigfaltig bunt,
der Vogelsang im weiten Rund.

Die Sonne scheint, nun ist's komplett,
lockt Winterschläfer aus dem Bett!

Der Osterhase

Osterwiese noch nicht bunt,
doch hier und da im Wiesengrund
wächst weiches Moos
und Gänseblümchen.

Buschwindröschen, weiße Sterne,
grüßen aus des Waldes Ferne.
Osterglocken, gelb und fein,
läuten hell das Osterfest ein.

Der Osterhase muss sich eilen,
die bunten Eier zu verteilen.
Mit einem Blick sieht er das Moos
und macht ein Nest,
schön weich und groß.

Er legt hinein viel bunte Eier,
gesprenkelt, rot und auch mal süß.
Die Kinder freuen sich gewiss.

Er hoppelt weg;
dann scheint die Sonne,
perfekt ist nun die Osterwonne!

Die Tulpe

Die Tulpe ist ein
Gewächs der Zwiebel,
so steht's in jeder
Blumenfibel.

Sie blüht sehr gern
April bis Mai,
die Farben sind
ganz vielerlei.

In Holland liebt
man sie gar sehr,
da kommen sie
auch meistens her.

Tulpen – Stulpen

Wenn blüh'n im Mai
die schönen Tulpen,
braucht niemand mehr
die Winterstulpen.

Kleiner bunter Schmetterling

Kleiner bunter Schmetterling,
taumelst durch den Tag.
Nektartrunken, sonnenhungrig,
jede Blüte zieht dich an.

Von Flatterhaftem keine Spur,
du freust dich deines Lebens nur.
Denkst nicht an die Winterschrecken,
wenn Schnee und Eis die Auen decken.

Der Frühling kommt
ganz lind und sacht,
hat alles wieder bunt gemacht.
Düfte locken, Blüten winken -
,,Komm zu mir,
hier kannst du trinken!''

Das Bächlein

Es ist was dran
am dunklen Tann'.
Nur hier und da
ein Knacken, Knistern.
Geheimnisvoll hör ich es flüstern
von Märchen
und von Kindheitstagen,
wo fern noch
dieses Lebens Plagen.

Gurgelnd und murmelnd
aus Felsengrund
die Quelle sich ihr Bettlein sucht.
Hat sie's gefunden,
so plätschert sie munter
als Bächlein
zum nahen Dorf hinunter.

Vollmond

Der Abend kommt,
die Nacht bricht an;
und zwischen Dämmerung und Tag
am Horizont auf Berges Kamm,
malt überirdisch farbig Licht
mit hellem Schein
den Himmel an.

Wie von verborgner Hand geschoben,
steigt Stück um Stück der Mond nach oben.

Hat den Zenith er ganz erklommen,
Gestalt und Glanz nun angenommen,
führt er mit stiller, sanfter Macht
das Heer der Sterne durch die Nacht.

Im nächtlichen Wald

Es rauscht in den Wipfeln,
der Wald steht so schwarz,
doch hoch überm Weg
hat der Himmel noch Platz.

Die Kronen dort sacht
zueinander sich neigen
und filigran
ineinander verzweigen.

Da sieht man hindurch
einem Spitzentuch gleich.
Und sieht man ein Sternlein
durchs Spitzentuch blitzen,
wähnt man die Engel
bei Kerzenlicht sitzen.

Dann schauert's nicht mehr
im dunklen Geäst,
man ist mittendrin
beim himmlichen Fest.

Der Himmel über uns

Wattebausch am blauen Himmel,
dicke Polster, weiße Kringel,
Schäfchenwolken zarter Flaum,
himmelweit ein schöner Traum;
und Kumulus, der alte Faun*
genießt als Schirmherr ihr Vertraun.

Dichte Wolken, Regenschauer,
mitunter silbergrau schattiert,
und zwischendurch,
aus kleinen Fenstern,
blitzt Sonnenschein ganz ungeniert.

Morgens, abends, je nach Gebot,
wird der Himmel auch mal rot.
Manchmal ist er azurblau,
vermählt sich mit der schönen Frau,
der Sonne, die ihn auch heiß liebt;
der beiden Glück ist ungetrübt.

Doch ab und an,
wenn ihm mal schwüle,
sorgt er für angenehme Kühle.
Verdunkelt sich in seinem Grimm
und blitzt und donnert ungestüm.

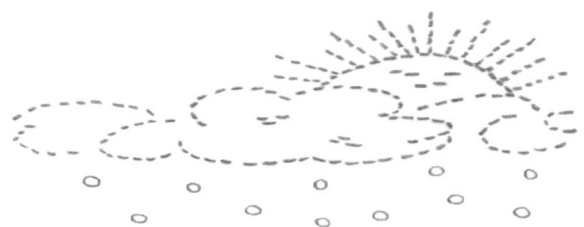

Er währt nicht lang, der wilde Zorn;
erfrischend war des Regens Born.
Es hellt sich auf; erleichtert beide;
die Sonne glänzt im Goldgeschmeide.

Zur Nacht hüllt sich der Himmel ein
im Sammetmantel sternbestickt;
und in Vertretung für die Sonne
den Mond auf seine Bahn er schickt.

Nun ruht er still, bis ihn am Morgen
die Sonne weckt mit zartem Kuss
und spannt sich weit in hohem Bogen
über Berge, Täler, Meer und Fluss.

*Altrömischer Schirmherr der Herden

Der Schreck im Heu

(Die Heuschrecke)

Es ging ein Knabe wohlgemut
und tat, was so ein Knabe tut.
Er ging zur Wiese voller Heu,
trug bei sich auch
ein Glas mit Deckel
und fing Getier mit einem Säckel.

Mit dem, was da so fleucht und kreucht,
wird auch ein Heuschreck aufgescheucht.
Der Knabe sah mit großem Schauern
ein Flügeltier im Heu dort lauern

und schrie: ,,Im Heu -
oh Schreck, oh Schreck!"
Da hat das Tier den Namen weg;
es heißt ,,Heuschreck" seit jener Zeit
bis in alle Ewigkeit.

Die Neugier nun den Knaben plagte,
und daraufhin er es dann wagte;
mit seinem Kescher, wie gemein,
fing er das grüne Tier dann ein.

Zu Hause wollte er nun zeigen,
was ab heute ist sein Eigen.
Der Knabe will den Deckel lüpfen,
da fängt der Schreck
schon an zu hüpfen.
Und ehe er es sich gedacht,
hat dieser sich davon gemacht.

Just kam ich an die Blumenbank,
um mich der Blüten zu erfreuen;
da sah ich meinerseits oh Schreck,
ein grüner Hüpfer frech und keck,
fraß mir die schönen Blumen weg.

Mir ging es jetzt wie jenem Knaben;
ich musste dieses Tier hier haben.
Jedoch auf eine andre Weise:
Fenster auf und „Gute Reise!"

Kleiner Spatz

Lieber Sperling, kleiner Spatz,
wo bist du geblieben?
Man nahm dir den Platz.
Die Samen, die Felder
mit wogendem Korn,
sie sind nicht mehr da,
dein Lebensborn.
Wie lieb ich dich, du kleiner Racker,
der dringend braucht
die Saat, den Acker.

Dein Tschilpen und Raufen
und emsiges Treiben
im Weinlaub und Efeu
am schützenden Haus
sind längst schon vergangen,
du zogst bei uns aus.
Doch liebst du uns Menschen,
du treuer Begleiter
und ziehst in die Stadt,
nur ein kleines Stück weiter.

Zur Körperpflege
schätzt du schlichtweg,
das Bad im Staube,
in Sand und Dreck.
Darum die Menschen
schmutzigen Knaben
den Namen „Kleiner Dreckspatz"
einst gaben.

Neulich, beim Bummeln
hab ich dich gesehn,
in der Fußgängerzone
und ich blieb einfach stehn.
Du liebst die Gesellschaft
und triffst dich in spe
in noblem Ambiente, im Straßencafé.
Hier sorgst du für Ordnung
und pickst alles auf,
was achtlos dort hinfällt
in Schmutz und in Staub.

Nun freue ich mich auf der Stelle,
du bist ja noch da, du kleiner Geselle.

Denn der Vater im Himmel
geht treulich dir nach;
er lässt dich nicht fallen
von jeglichem Dach.
Das sei uns ein Beispiel;
wir sorgen uns nicht,
denn Gott schenkt uns alles,
was auch immer gebricht.

Das Lied der Amseln

Morgens, wenn der Schlummer flieht,
singt die Amsel mir ihr Lied.
Ach, was sag ich, nicht nur eine,
sie singen mir gleich im Vereine.
Zwei tun sich dabei groß hervor;
sie sind Solisten in dem Chor.

Die Fichte und der Lebensbaum
sind als Empore ganz ihr Traum.
So schallt hinüber und herüber
mit allergrößter Präzision,
der Koloraturen schönster Ton.

Dann lasse ich mich auch mitreißen,
werd mit ihnen den Schöpfer preisen;
und singe mit im Vogelchor,
dem Herrn ein fröhlich Danklied vor.

Das Abendlied erklingt in „Moll",
macht weich des Tages „Ach" und „Soll".
Habt Dank, ihr schwarzen Sängerknaben;
wie gut, dass wir euch Amseln haben.

Letzte Rose

Ich geh' in den Garten,
einfach mal so.
Will nicht viel denken,
lass nur meine Blicke schwenken,
komm im Innersten zur Ruh'.

Und auf einmal bleibt mein Auge
hängen an der Blume zart,
die dort in dem stillen Winkel
meiner längst gewartet hat.

Eine Rose,
im Winde sich wiegend,
nimmt gefangen meinen Blick.
Wie zum Abschied traurig winkend,
grüßt sie herüber; ich winke zurück!

Letzte Rose, zart gewandet,
rosa-rot gerüscht dein Kleid,
lässt auf einmal um mich wehen
den leisen Hauch der Ewigkeit.

Goldener Herbst

Ein klarer Himmel,
so blau wie Topas;
Gold an den Bäumen
und Rot an den Zäunen;
die Büsche und Hecken
braun, gelb sich bedecken;
es wird dem Auge nie zuviel,
dies wunderschöne Farbenspiel.

Der frische Wind
durchlüftet die Lungen,
bis er den ganzen Leib
hat durchdrungen.

Beschwingt ist der Schritt,
der Blick geht mit
und sieht, wie Licht
und Schatten durchfluten
den lieblichen Hain
und die mächtigen Buchen.

Ein Räuchlein kräuselnd
den Schornstein verlässt,
zeigt an, dass die Wonne
von Dauer nicht ist.

Mit nebligem Wallen
der Tag sich nun neigt
und keine Grille
zur Vesper mehr geigt.

Dann zieht's uns hinein
in die wärmende Klause;
da geht es uns gut,
hier sind wir zu Hause.

Vorweihnachtszeit

Leuchtende Kerzen;
einsame Herzen;
Lichtergefunkel;
viele im Dunkel.

Einige rennen
nach großen Geschenken,
andre mit Sorge
und Not sich kränken.

Lasst uns gehen ins Dunkel
und bringen das Licht,
dass an Weihnachtsfreude
es keinem gebricht.

Winterfreuden

Wenn weiche, weiße Bälle fliegen
und Flocken wirbeln keck im Wind,
der Schneemann auf dem Hof lässt grüßen,
die Wasser zugefroren sind,
darauf sodann auf schnellen Kufen
die Jugend flitzt mit frohen Rufen,

und wenn die Häuser tragen Mützen,
Eiszapfen an den Rinnen blitzen,
die Alten in den Stuben sitzen,
die Kinder rodeln an den Hängen,
lassen sich nicht in Stuben zwängen,

dann ist es ja für jeden klar –
die schöne Winterzeit ist da!

Nordic Walking

Eine Krankheit greift um sich;
was ist geschehn?
Dass so viele Menschen
an zwei Stöcken gehn
- sind dabei auch noch fröhlich -
ist schwer zu verstehn.

Oft gehn sie in Gruppen,
das ängstigt mich sehr;
wo kommen die vielen
Gebrechlichen her?

Ein Stock reicht nicht aus;
er stützt sie noch nicht,
weil es augenscheinlich
an vielem gebricht.

Wenn früher ein Alter
mit einem Stock musste stehn,
wehrte er sich heftig:
„Ich kann doch noch gehn!"

So wandelt die Zeit sich,
man klärte mich auf:
„Nordic Walking,
so heißt dieser Lauf."

Gebrechlich sind diese
Menschen ja nicht,
sie beugen nur vor
gegen Rheuma und Gicht.

Nun muss ich gestehen —
„So schlecht ist das nicht!"

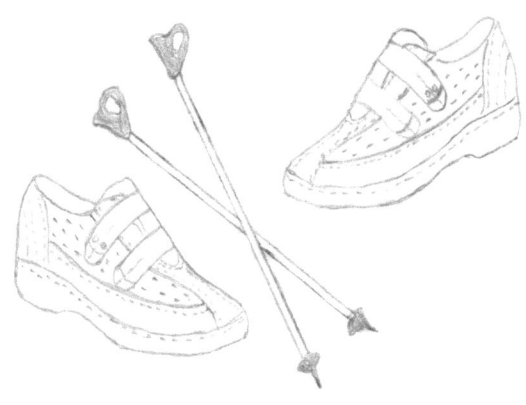

Heißsporne

Es balgen sich zwei wilde Knaben,
sie wollen beide Gleiches haben.

Im Garten dort das Mägdelein
soll dereinst ihr Eigen sein.

Das Mägdlein schaut indes sich um
und findet beide Knaben dumm.

Unsterblich ist sie ja verschossen
in jenen Bursch' mit Sommersprossen.

Der fasst sie glücklich um das Mieder,
und sie errötet brav und bieder.

Die Knaben schäumen noch vor Wut
und sehen nicht, was sich dort tut.

Als sie sich endlich ausgetobt,
ist unser Pärchen schon verlobt!

Glücksmomente

Wen ein Bedürfnis
drückt hienieden,
und ist kein Örtchen
ihm beschieden,
der leidet nun
die höchste Not
und sieht am Ende
nur noch rot.

Tut sich ihm doch
ein Häuschen auf,
und die Natur
nimmt ihren Lauf,
durchströmt ihn
ungeahnte Wonne;
er ist der Glücklichste
unter der Sonne!

Zum Geburtstag

Bis hierher hat dich Gott gebracht
auf deinem Lebenspfade.
Obwohl der Weg verschlungen oft,
macht Gott ihn doch gerade.

Er dünkt uns oft so holperig,
mit Steinen übersät,
und scharfer Wind von überall
uns um die Nase weht.

Doch Gottes Geist verwandelt ihn
sehr oft in sanftes Säuseln,
und Ewigkeit dann um uns weht,
die Wogen sich nur kräuseln.

Nun wünsch ich dir in dieser Zeit
noch viele schöne Jahre,
wenn's geht auch ohne Holprigkeit
auf ebnen, guten Bahnen,
geborgen in des Vaters Hand
und seinen starken Armen.

5. Mose 33, V. 27a

Und, und, und ...

Es kommt nicht ganz von ungefähr,
das Wörtchen „und" ist ordinär.

Doch wenn das Wörtchen „und" nicht wär,
fiel mir gewiss das Reimen schwer.

Satzanfang mit „Und", bar aller Vernunft;
ich lass mich drum schelten
von der schreibenden Zunft.

Es klingt so warm wie Weihnacht im Ohr, *
darum hol ich aus dem Wortschatz
das Verschmähte hervor.

Und reime,
und schreibe,
und freu mich daran,
wie schön auch ein Satz
mit einem „und" klingen kann.

*In der Weihnachtsgeschichte, in Lukas 2, Lutherbibel,

fangen 22 Verse mit „Und" an.

Folgende Gedichtbände empfehle ich Ihnen